ALESSANDRO MASTROPAOLO

CREARE UN GIORNALE ONLINE

Gli Step per Creare un Giornale di Nuova Generazione Dimezzando i Costi e Targettizzando i Lettori

Titolo

"CREARE UN GIORNALE ONLINE"

Autore

Alessandro Mastropaolo

Editore

Bruno Editore

Sito internet

http://www.brunoeditore.it

Sommario

Introduzione

L'avvento di internet e delle nuove tecnologie, da poco più di un ventennio a questa parte, hanno prodotto una pluralità di cambiamenti sostanziali nel mondo della comunicazione e dell'informazione.

Con il passare del tempo i giornali hanno subìto un processo di dematerializzazione mutando completamente quelli che erano i paradigmi del passato. I vecchi supporti cartacei si sono così trasformati in moderne piattaforme digitali, capaci di adattarsi agli utenti di tutto il mondo e di fornire informazioni multimediali in tempo reale.

Secondo alcuni studiosi come Vittorio Sabadin, autore del libro *L'ultima copia del New York Times*, nell'ormai prossimo futuro i giornali cartacei non esisteranno più. Secondo il pronostico della pubblicazione sarà proprio il celeberrimo quotidiano americano il capofila che sancirà, con il fermo delle rotative, la fine dell'era dell'informazione cartacea in maniera definitiva e irreversibile.

Ad accelerare tale processo, attualmente già in corso, hanno contribuito una serie di fattori ed eventi inerenti le nuove tecnologie.

Uno degli esempi di tale assunto è rappresentato dall'avvento degli smartphone e dei tablet, introdotti per la prima volta su larga scala grazie al genio rivoluzionario di Steve Jobs. Fu proprio quest'ultimo, nel campo dell'editoria digitale, a stringere accordi commerciali con i principali fornitori di notizie, tra cui il magnate dell'informazione Rupert Murdoch.

Un altro importante passo è stato segnato invece dall'avvento dei social network, primo tra tutti Facebook. Tali rivoluzionari strumenti digitali hanno permesso di amplificare la risonanza delle notizie sfruttando le reti di relazione interpersonali secondo la logica del passaparola.

Grazie a questi e altri accadimenti il lettore è cambiato, sono cambiate le sue abitudini, i suoi interessi e soprattutto è cambiato il modo di informarsi e di leggere le notizie. Il lettore moderno è oggi un individuo dinamico, frutto di una generazione al passo con i tempi. Egli è un esperto di internet e utilizza la rete per reperire le informazioni di suo interesse. È iscritto a diversi social network come Facebook, Twitter e Google Plus tramite i quali gestisce una rete di relazioni con cui condivide notizie, idee e pensieri.

Gli amici, vecchi e nuovi, gli consigliano quotidianamente notizie da leggere e lui, comodamente, accede a una miriade di siti, giornali e blog, più o meno autorevoli, proprio attraverso i link pubblicati sui social network.

Molto spesso l'accesso avviene attraverso uno smartphone o un tablet nei momenti più disparati della giornata. Di solito le consultazioni sono brevi e frequenti. Gli articoli prediletti sono corti, ricchi di immagini e possibilmente accompagnati da materiale audiovisivo. Una volta letti sono nuovamente linkati sui social network grazie ai moduli di condivisione di cui è dotato ogni giornale moderno.

Tutti questi fattori hanno contribuito e stanno contribuendo a cambiare le regole dell'editoria. Cambia il lettore e assieme ad esso cambia la professione giornalistica, la struttura di una redazione, il ruolo dell'editore, la pubblicità e tutto il sistema dell'informazione. Secondo un processo circolare e retroattivo irreversibile i nuovi paradigmi si sostituiscono pian piano ai vecchi, creando a loro volta il substrato culturale per un ulteriore passo in avanti verso un modello di progresso continuo. E così, senza che neanche ce ne rendiamo conto, ci ritroviamo all'improvviso catapultati in una nuova era: l'era moderna della comunicazione digitale.

CAPITOLO 1:
Come scegliere la linea editoriale e il target di riferimento

Il primo passo per creare un giornale online è sicuramente la scelta della linea editoriale. Se questo step in un primo momento può sembrare semplice e quasi secondario, ti assicuro che non è affatto così. È proprio la scelta della giusta della linea editoriale, infatti, che decreterà la riuscita o il fallimento del progetto. Creare un giornale online di successo non è affatto semplice e occorre, come in tutte le cose, esperienza e professionalità.

Seguendo questo manuale acquisirai tutte le competenze basilari che ti serviranno a non commettere errori durante la pianificazione dell'attività editoriale. Se al pragmatismo del corso aggiungerai passione ed impegno potrai, in tempi relativamente brevi, avviare un'attività stimolante, dinamica e perché no, anche remunerativa.

A questo punto, per iniziare correttamente e individuare la linea editoriale che fa al caso tuo, dovrai porti alcune semplici ma fondamentali domande che ti aiuteranno a capire come impostare il giornale.

Innanzitutto è importante chiederti: «Perché desideri realizzare un giornale online?» La domanda, apparentemente banale, nasconde in realtà un dilemma fondamentale: «Vuoi scrivere per divertimento o per svolge un'attività professionale?»

Moltissime persone, infatti, scrivono per diletto e appagamento personale. In questo caso più che di giornale online sarebbe opportuno parlare di blog (senza tuttavia sottovalutare che esistono moltissimi blog di altissimo spessore e spesso con finalità commerciali altrettanto valide ed efficaci).

La presente guida si rivolge principalmente a coloro che intendono realizzare un giornale online per finalità prettamente professionali, tuttavia troveranno preziosi consigli anche coloro che intendono creare un giornale per diletto personale.

Supponendo di appartenere alla categoria di chi intende svolgere un'attività professionale, occorre a questo punto porsi una seconda domanda: «Hai già un'attività e vuoi creare un giornale per una questione di strategia comunicativa e di marketing (imprenditore) o il giornale online sarà la tua attività economica principale (editore puro)?»

Anche questa è, infatti, una domanda fondamentale cui bisogna rispondere per avere successo nell'iniziativa. Partendo dal principio che molte volte questi due ruoli possono coincidere e sovrapporsi, da un punto di vista didattico tratteremo le due figure separatamente.

L'imprenditore, molto spesso, ha già una o più attività economiche prevalenti e decide di dar vita a un giornale online per rafforzare il marketing dei settori nei quali opera.

Attraverso il giornale online, un professionista potrà espandere enormemente il proprio parco clienti, in particolare quando la rivista sarà altamente specializzata nel campo in cui egli lavora (ad esempio una rivista fiscale per un commercialista o una legale per un avvocato).

In tal caso la strategia editoriale sarà fortemente focalizzata ad attrarre nuovi clienti: si utilizzeranno colori e grafiche attinenti alla professione, capaci di instillare fiducia nell'utente; si redigeranno articoli funzionali al target (il potenziale cliente); si presterà attenzione a non essere troppo tecnici ma neanche troppo semplicistici. In generale si adotterà sempre una linea consona al ruolo che l'imprenditore ricopre.

A tal proposito mi viene in mente l'esperienza di un mio amico avvocato il quale ha dato vita ad un giornale online incrementando enormemente la sua clientela e di conseguenza i suoi profitti. Grazie agli articoli pubblicati quotidianamente è riuscito a destare la curiosità e la fiducia dei lettori interessati alla tematica trattata.

SEGRETO n. 1: se sei un imprenditore, puoi utilizzare il giornale online come leva di marketing per diffondere contenuti interessanti sulla tua attività e attrarre nuovi clienti.

Molto diversa è invece la figura dell'editore puro. Quest'ultimo, a differenza dell'imprenditore (pur trattandosi comunque di un imprenditore), vive sostanzialmente di pubblicità. Egli sarà interessato, tendenzialmente, ad attrarre sul suo giornale online quanti più visitatori possibili. Fanno eccezione alcune strategie editoriali cosiddette "di nicchia", che mirano a raggiungere un target specifico di utenti. A tal proposito è opportuno distinguere due importanti tipologie di giornali: quello generalista, solitamente rivolto al "grande pubblico", e quello settoriale o di nicchia, rivolto ad un target più ristretto e interessato a pochi argomenti circoscritti. Indicativamente non ci sono motivi particolari nel preferire una delle due tipologie, occorre tuttavia prestare attenzione ad alcuni fattori importanti.

Per avere successo nel mondo dell'editoria online bisogna avere dei lettori fedeli e interessati ai tuoi contenuti. Spesso però, purtroppo, c'è già qualcun altro che tratta gli stessi argomenti che hai intenzione di trattare tu. Allora, ancora una volta, è opportuno porsi una domanda: «Perché il lettore dovrebbe scegliere te piuttosto che altri?»

Ebbene, da un punto di vista della concorrenza, tornando alla diatriba generalista-di nicchia, è molto più facile eccellere con un giornale settoriale piuttosto che scontrarsi con i giganti dell'informazione come il *Corriere della Sera*, *Repubblica*, *La Stampa*, *Tgcom* ecc. che offrono notizie generaliste ad un pubblico molto vasto.

Ciò, naturalmente, non vuol dire che con un giornale di nicchia avrai sicuramente successo. Esistono, infatti, giornali settoriali che operano di fatto in situazioni di monopolio, svolgendo a tutti gli effetti un ruolo di leadership. Detto questo va considerato però che è sicuramente più facile trovare uno spazio nella nicchia, specialmente quando un terreno è "poco battuto".

A questo punto, a meno che non disponi di risorse e capacità per affrontare l'agguerrita concorrenza dei giornali nazionali (nulla è impossibile), è sicuramente più conveniente focalizzarti su un settore adottando una strategia di differenziazione.

La differenziazione può avvenire in vari modi, non soltanto per gli argomenti trattati ma anche e soprattutto per le zone geografiche coperte. Se è molto difficile, infatti, fare concorrenza a un giornale nazionale di primaria importanza, potrebbe essere un'impresa assai più semplice farla ai giornali locali di una realtà territoriale ristretta come una piccola cittadina. In tal caso, ad esempio, non sarebbe una cattiva idea realizzare un giornale, anche generalista, che si occupa di offrire notizie di interesse per una specifica comunità di persone. Altri tipi di differenziazione possono invece essere fatte per età, genere, caratteristiche attitudinali ecc.

SEGRETO n. 2: per incrementare le tue possibilità di

successo, puoi attuare una strategia di differenziazione dalla concorrenza scegliendo una nicchia di mercato.

Queste differenziazioni vanno a impattare su quello che è un concetto molto importante: il concetto di pubblico. Il pubblico può essere definito come l'insieme delle persone, reali o potenziali, che leggono o potrebbero leggere il tuo giornale. A tal proposito non possiamo evitare un parallelismo con il concetto di "lettore modello" della semiotica. Il pubblico, infatti, come il lettore modello, oltre ad essere costituito da individui in carne ed ossa che leggono realmente il giornale, può essere rappresentato anche da un insieme eterogeneo di individui immaginari che potrebbero potenzialmente leggere le notizie.

In altri termini, l'editore e il giornalista, che segue la linea dettata da quest'ultimo, saranno costretti ad immaginare l'ipotetico lettore che Umberto Eco definisce "lettore modello" e che coincide, in altri termini, con il target potenziale del giornale.

Arriviamo così ad un punto cruciale di questo capitolo: il target. Quest'ultimo rappresenta, infatti, il cuore pulsante di tutta l'attività. Per target intendiamo l'insieme dei potenziali lettori che vuoi attrarre per raggiungere le finalità che ti sei prefissato.

Tornando ai concetti di imprenditore e di editore puro, il primo avrà come target l'insieme dei potenziali clienti delle sue attività, mentre il secondo avrà almeno due tipi di target: il target attivo ed il target passivo. Il target attivo è rappresentato dagli inserzionisti e dai portatori di interesse (stakeholder o finanziatori) mentre il target passivo è rappresentato dai lettori interessati ai contenuti degli articoli. Dal punto di vista del successo finanziario è essenziale che i lettori (target passivo) coincidano quanto più possibile con i potenziali clienti dei finanziatori (target attivo).

Per rendere redditizia l'attività, infatti, è necessario generare un cash flow positivo derivante dalla vendita di inserti pubblicitari che saranno in questo modo più appetibili per gli inserzionisti (tutte le altre possibilità di introito verranno analizzate nel dettaglio nei prossimi capitoli).

Un negozio di vestiti da donna ad esempio, con tutta probabilità, sarà più predisposto a investire su un giornale che tratta argomenti di appeal per i suoi potenziali clienti, come le mode del momento o il modo di vestire delle dive dello spettacolo.

SEGRETO n. 3: se hai scelto la strada dell'editore puro, fai in modo che i tuoi lettori coincidano quanto più possibile con i

potenziali clienti dei tuoi inserzionisti.

In base alle argomentazioni trattate, si evince come sia di fondamentale importanza scegliere correttamente la linea editoriale secondo criteri dettati, più che dagli interessi personali, da motivazioni prettamente strategiche ed economiche.

Questi concetti possono essere naturalmente in parte bypassati quando le motivazioni che ti spingono a realizzare un giornale online sono dettate prevalentemente dalla voglia di scrivere su argomenti di interesse personale per fini di diletto. In tal caso passa in second'ordine l'economicità e si dà importanza al piacere e alla passione di scrivere su specifiche tematiche gradite.

A questo punto, avendo affrontato in maniera globale il concetto di linea editoriale, possiamo passare ad analizzare alcuni strumenti che ci consentono di identificare, secondo precisi criteri di economicità, il nostro target, i nostri concorrenti, il traffico, i potenziali clienti ecc. Questo lavoro, da un punto di vista generale, può essere definito in senso lato come una "ricerca di mercato". Sul web, a differenza del mondo reale, le ricerche di mercato possono essere affrontate in modo sicuramente più economico e meno oneroso in termini di tempo. Conoscendo il funzionamento di alcuni semplici strumenti è possibile, infatti, reperire preziose informazioni che potranno decretare il successo dell'iniziativa.

La ricerca di mercato per lo sviluppo di un giornale online può essere implementata, in primo luogo, a partire dall'analisi della concorrenza. A tal proposito occorre effettuare una ricerca approfondita di tutti i siti che offrono informazioni uguali o similari a quelle che hai intenzione di trattare. I motori di ricerca in questo caso ti saranno di grande aiuto in quanto attraverso delle parole chiave potrai subito constatare chi sono i tuoi concorrenti diretti ed indiretti.

Una volta individuati i concorrenti dovrai studiare meticolosamente i loro siti al fine di conoscere perfettamente i punti di forza e di debolezza di questi ultimi (Lao Tzu diceva: «Se conosci te stesso e conosci il tuo nemico incrementerai le possibilità di vincere la battaglia»).

Se vorrai avere successo, dovrai in qualche modo differenziati dai tuoi concorrenti offrendo contenuti migliori e scegliendo metodi di fruizione "user friendly", tutti argomenti che andremo a trattare in seguito. Per il momento ti basta sapere che uno studio attento e meticoloso della concorrenza è fondamentale, non tanto per attrarre lettori quanto per fidelizzarli. Se, infatti, posso trovarmi per caso su di un sito di notizie, le mie successive visite saranno condizionate dai contenuti, dalla veste grafica, dalla qualità delle informazioni che trovo ecc.

Tutti questi concetti trovano un punto comune in ciò che viene definita la "fiducia del lettore". Ciò è ancor più vero per un sito d'informazione quale un giornale online, dove l'autorevolezza, proporzionalmente al tipo di informazioni trattate, diventa un fattore determinante della credibilità e quindi del successo.

Per quanto riguarda questo discorso, diversi sono i fattori chiave su cui si gioca la credibilità. Molti di questi riguardano, oltre che l'attendibilità delle notizie proposte, anche e soprattutto l'aspetto grafico, la professionalità dell'immagine e lo stile dei contenuti. Uno dei consigli che mi sento di dare, soprattutto quando non si dispone di ingenti risorse tali da permettere indagini dettagliate su larga scala, è quello di prendere spunto, senza naturalmente fare il copia e incolla, dai big dell'informazione, frutto di anni di esperienza e milioni di euro di ricerche di mercato.

SEGRETO n. 4: per scegliere la linea editoriale con più

probabilità di successo è opportuno dedicare del tempo a una ricerca di mercato che confermi la bontà delle tue decisioni.

Sempre sul piano della ricerca di mercato vi è uno strumento molto interessante, offerto da *Google*, che può esserti d'aiuto. Sto parlando di *Google Trends*. Attraverso questo strumento è possibile conoscere i trends di ricerca e quindi scoprire quali temi e argomenti attraggono maggiore interesse nel tempo. In pratica scegliendo una parola "chiave" hai la possibilità di visionare, attraverso un grafico, l'andamento della ricerca, selezionando all'occorrenza l'intervallo temporale desiderato.

Un trend in crescita indica un aumento dei volumi di ricerca su una determinata parola e quindi, naturalmente, interesse verso la stessa mentre un trend in decrescita indica una diminuzione dei volumi di ricerca e quindi una perdita d'interesse verso la parola, ossia verso l'argomento che essa rappresenta. Altra funzione interessante di *Google Trends* è inoltre la comparazione tra due termini e la loro geolocalizzazione su una mappa. Tale servizio di *Google* ti consentirà di sapere quali sono i temi caldi e quindi di maggiore interesse per l'utente.

Un altro strumento interessantissimo è, ancora una volta, offerto da *Google*. Sto parlando dello strumento di pianificazione delle parole chiave di *Google AdWords* (*www.google.it/AdWords*). Attraverso questo programmino, disponibile gratuitamente una volta registrati al programma *AdWords*, è possibile conoscere il traffico generato dalle parole chiave che inserisci. All'interno dello strumento, cliccando sul link *"cerca idee per parole chiave e gruppi di annunci"*, hai la possibilità di visualizzare i volumi di ricerca generati sulle parole da te indicate. Oltre ai volumi potrai conoscere un altro importantissimo dato, ossia la concorrenza presente su quelle parole e il costo medio per click, qualora volessi realizzare una campagna pubblicitaria su *Google* (argomento che analizzeremo dopo).

Un'altra funzione dello strumento di pianificazione delle parole chiave è, invece, quella attinente al traffico generato. Per accedere alla funzione bisogna cliccare sul link *"inserisci o carica parole chiave per vedere il rendimento"*. Da qui si ha la possibilità di fare una stima del traffico giornaliero in base ai parametri economici impostati quali offerta per click e budget giornaliero.

A questo punto, grazie a queste analisi e queste ricerche, potrai conoscere dettagliatamente chi sono i tuoi concorrenti, quali sono i trend più in voga e quali sono i volumi di ricerca in base alle parole chiave impostate.

SEGRETO n. 5: sul web è possibile effettuare ricerche di mercato economiche ad attendibili grazie a strumenti gratuiti come *Google Trends* e *Google AdWords*.

Una volta studiati i dati raccolti non ti resta che confermare o meno la bontà della linea editoriale e degli argomenti da trattare. Questo studio, anche se ti porterà via del tempo, sicuramente darà più valore alle scelte che effettuerai, le quali diventeranno meno arbitrarie e più scientifiche.

Va da sé che tutte le opzioni grafiche e redazionali, da questo momento in poi, dovranno essere coerenti con quella che è la linea editoriale del giornale scelta sulla base della ricerca di mercato effettuata. Ad esempio se tratterai argomenti inerenti alla moda milanese, cosciente della concorrenza e delle ricerche statistiche effettuate sul tema, i contenuti non dovranno uscire fuori dalla linea editoriale, la grafica dovrà essere accattivante lasciando largo spazio alle immagini, possibilmente si dovrà ricorrere a trattare argomenti che interessano gli opinion leader della vita milanese e i personaggi di spicco che attirano l'attenzione dell'utenza ecc.

A questo punto, se è andato tutto a buon fine, sei pronto per affrontare il prossimo step.

RIEPILOGO CAPITOLO 1:

- SEGRETO n. 1: Se sei un imprenditore, puoi utilizzare il giornale online come leva di marketing per diffondere contenuti interessanti sulla tua attività e attrarre nuovi clienti.
- SEGRETO n. 2: Per incrementare le tue possibilità di successo, puoi attuare una strategia di differenziazione dalla concorrenza scegliendo una nicchia di mercato.
- SEGRETO n. 3: Se hai scelto la strada dell'editore puro, fai in modo che i tuoi lettori coincidano quanto più possibile con i potenziali clienti dei tuoi inserzionisti.
- SEGRETO n. 4: Per scegliere la linea editoriale con più probabilità di successo è opportuno dedicare del tempo a una ricerca di mercato che confermi la bontà delle tue decisioni.
- SEGRETO n. 5: Sul web è possibile effettuare ricerche di mercato economiche ad attendibili grazie a strumenti gratuiti come *Google Trends* e *Google AdWords*.

CAPITOLO 2:

Come costruire il sito internet

Una volta scelta la linea editoriale, il passo successivo è la costruzione del sito internet. Va da se che quest'ultimo dovrà essere coerente in tutte le sue parti con la linea editoriale precedentemente stabilita. Con il termine "coerenza" si intende: coerenza dei contenuti e degli argomenti trattati, coerenza dello stile, coerenza della grafica e in generale coerenza di ogni aspetto che possa influire sulla percezione dell'utente, comprese le scelte tecniche attraverso le quali viene realizzato il sito.

Detto ciò, a questo punto, è molto importante scegliere la tecnologia con cui realizzare il sito internet che ospiterà il tuo giornale online. In linea di massima diciamo subito che esistono due filoni principali, ognuno dei quali contempla al suo interno costi e benefici. Tali filoni sono: quello della personalizzazione e quello della standardizzazione.

Per quanto riguarda la soluzione personalizzata va da sé che questa comporta costi maggiori, sia in termini di tempo che in termini di denaro, oltre naturalmente alla necessità della consulenza professionale di un webmaster esperto in grado di realizzare un giornale online in base alle indicazioni del cliente (a meno che l'editore non è anche un webmaster come nel mio caso). I vantaggi della soluzione personalizzata sono l'unicità del lavoro e l'adattabilità dello stesso a qualsiasi esigenza.

Per quanto riguarda invece la standardizzazione, che può essere operata a diversi livelli, questa contempla sicuramente il vantaggio di essere più economica e meno onerosa in termini di tempo. Offre inoltre la possibilità di realizzare il sito, in alcuni casi, anche a chi non mastica di programmazione. Di contro si rinuncerà in parte all'esclusività e all'adattabilità del giornale.

Tra queste due soluzioni esistono naturalmente anche delle vie di mezzo che contemplano in parte la personalizzazione e in parte la standardizzazione, prendendo i vantaggi dell'una e dell'altra soluzione.

SEGRETO n. 6: il giornale online può essere realizzato seguendo il filone della personalizzazione o quello della standardizzazione. Spesso la soluzione intermedia

rappresenta la scelta migliore.

Analizziamo a questo punto diverse soluzioni tecniche che, sulla base del tempo, delle risorse economiche e delle conoscenze informatiche dell'editore possono essere più o meno adottate. Partiremo dalla personalizzazione totale fino ad arrivare alla standardizzazione totale passando naturalmente per le soluzioni intermedie, spesso le più convenienti. Chiariamo da subito che non esiste tra queste la soluzione migliore in senso assoluto, la scelta se adottare l'una o l'altra va di volta in volta calata nel contesto e scelta in base alla ponderazione di tutte le variabili disponibili.

La prima soluzione, quella della personalizzazione totale, prevede la realizzazione del sito internet partendo da zero. È assolutamente necessario in questo caso avere delle conoscenze tecniche di programmazione approfondite o rivolgersi a un webmaster esperto in grado di creare il sito (attenzione, non tutti i webmaster sono in grado di creare siti internet personalizzati al 100%). Questa soluzione consente di disegnare il sito internet del tuo giornale esattamente come lo desideri. Grafica, colori, forme, elementi tecnici, funzioni ecc. sono creati ex novo partendo da stringhe di codice. I linguaggi di marcatura e programmazione che possono essere utilizzati sono in questo caso l'HTML per la struttura, il CSS per le formattazioni, il JAVSCRIPT per la programmazione lato client, il PHP o l'ASP per la programmazione lato server, l'SQL per interrogare i database, il FLASH per le animazioni ecc. (queste sono alcune delle tecnologie che uso io e che possono naturalmente coincidere o meno con quelle degli altri webmaster).

Da ciò si evince subito che è fondamentale avere conoscenze approfondite per costruire un giornale online completamente personalizzato. Questa soluzione darà tuttavia grandi soddisfazioni qualora ci si possa rivolgere a specialisti del settore.

Per quanto riguarda i tempi e i costi di realizzazione della soluzione a personalizzazione totale, questi possono essere anche molto alti e dipendono naturalmente dal grado di complessità del sito. Si parte di solito da alcune migliaia di euro per alcuni mesi di lavoro fino ad arrivare anche a decine di migliaia di euro e anni di lavoro per siti internet particolarmente complessi come quelli dei big dell'informazione nazionale ed internazionale.

In generale, qualora si opti per tale soluzione, la cosa migliore è farsi fare un preventivo da aziende specializzate nella realizzazione di siti internet personalizzati, possibilmente con esperienza nel campo dell'editoria online.

La seconda soluzione, subito dopo la personalizzazione totale, è quella della personalizzazione parziale. Si tratta in tal caso di costruire un sito internet partendo da un template standard che sarà poi modificato in base alle esigenze di personalizzazione.

Questa soluzione farà risparmiare tantissimo tempo al webmaster e quindi parecchi soldi a te. Il compromesso è quello di scegliere un template accattivante che sarà poi modificato, in parte, nelle forme, nei colori e nelle funzioni così da apparire quanto più personalizzato possibile. I template possono essere acquistati sul web da numerosi siti internet, come ad esempio *Themeforest*, e utilizzati in base alle licenze.

Il vantaggio di questa scelta, come detto, è sicuramente quello di essere più economica rispetto alla scelta precedente ma il rischio, allorché la struttura non venga opportunamente modificata, è quello che ci si ritrovi con un sito internet molto simile, se non uguale, ad altri presenti in rete. I costi e i tempi di realizzazione di tale soluzione sono anch'essi variabili ma dovrebbero essere sensibilmente più bassi della soluzione a personalizzazione totale, all'incirca del 50% (i prezzi sono naturalmente indicativi in quanto dipendono da numerose variabili).

La terza soluzione proposta, quella a standardizzazione parziale, contempla la possibilità di utilizzare una piattaforma su cui "montare" il sito internet. I vantaggi in questo caso sono numerosi in quanto i costi ed i tempi di realizzazione scendono sensibilmente così come le conoscenze informatiche necessarie all'implementazione (è comunque consigliabile l'ausilio di un esperto, almeno per la prima installazione, qualora si abbiano scarse conoscenze; è tuttavia possibile acquisire delle competenze basilari attraverso la lettura delle numerose guide presenti sul web).

In questo caso il giornale online viene letteralmente caricato su una piattaforma che consente, automaticamente, di gestire gli aggiornamenti dei contenuti del sito. Il template, anche in questo caso, può essere acquistato o scaricato gratuitamente e poi modificato in base alle esigenze (in questo caso è fondamentale però la conoscenza almeno degli elementi basilari della programmazione). Gli svantaggi di questa soluzione sono la maggiore standardizzazione del sito e la possibilità, sempre più concreta, che assomigli molto ad altri presenti in rete.

Oltre a questi svantaggi, che possono essere ovviati da un buon webmaster attraverso una personalizzazione più approfondita della struttura, dobbiamo considerare che non tutte le funzioni sono implementabili su tutte le piattaforme. È opportuno pertanto scegliere una piattaforma con un buon numero di plugin (mini programmini in grado di far compiere al sito alcune funzioni più o meno importanti) scaricabili gratuitamente o a pagamento.

Per quanto riguarda le piattaforme attualmente presenti sul mercato ve ne sono tantissime, a pagamento e non, ma alcune sono più interessanti per via della loro economicità, della loro affidabilità e per la loro ricchezza, appunto, di plugin. Tra queste soluzioni annoveriamo Joomla e Wordpress.

Joomla è un software per la realizzazione di siti internet open source completamente gratuiti. La sua installazione è relativamente semplice e consiste nel caricamento di un pacchetto di file nella cartella pubblica di un server che supporti il linguaggio di programmazione PHP ed abbia l'accesso ad un database MYSQL. Una volta caricato e scompattato il pacchetto di file è necessario configurare il sito attraverso una procedura guidata che si compie online con un minimo di esperienza. Il "pacchetto *Joomla*" può essere scaricato dal sito *www.joomla.it/download.html*. Sul sito è presente inoltre un forum di discussione, partecipato da numerosi utenti, in grado di guidare i neofiti all'installazione del prodotto e all'implementazione di tutte le principali funzioni disponibili.

Altra interessantissima soluzione è *Wordpress*, una piattaforma di editoria, anch'essa open source e gratuita, che sta prendendo piede grazie ai suoi standard di sicurezza, versatilità e accessibilità. *Wordpress,* come *Joomla,* necessita di uno spazio pubblico su server che supporti il linguaggio di programmazione PHP ed abbia l'accesso ad un database MYSQL. L'installazione è similare a quella di *Joomla*. Il "pacchetto *Wordpress*" può essere scaricato dal sito *www.wordpress.org/download*. Anche qui è presente un forum di discussione ricco di utenti e molto vivace.

Tra i due io, personalmente, preferisco *Wordpress* per la sua semplicità di utilizzo. Questa soluzione, quella della standardizzazione parziale, può essere un ottimo compromesso per ridurre i costi e i tempi di realizzazione che vanno solitamente da alcune centinaia di euro ad alcune migliaia di euro. I tempi di realizzazione del sito, con questa soluzione, oscillano mediamente da alcune settimane ad alcuni mesi di lavoro. Anche in questo caso, qualora si sia completamente a zero in termini di programmazione, sarebbe opportuno rivolgersi a personale specializzato, a meno che non si voglia dedicare del tempo ad imparare l'implementazione di queste piattaforme. Esistono tantissime guide, anche gratuite, reperibili facilmente su internet.

SEGRETO n. 7: *Joomla* **e** *Wordpress* **sono due piattaforme open source che costituiscono un ottimo compromesso per realizzare il tuo giornale online. Numerose guide all'utilizzo sono reperibili gratuitamente sul web.**

L'ultima soluzione, quella della standardizzazione totale, è quella di affidarsi a una piattaforma più elementare ed user friendly come *Wix*, *1&1* o *Jimdo,* in grado di offrire la possibilità di avere un sito internet anche a quegli utenti che non hanno la minima conoscenza di programmazione e decidono di optare comunque per il fai da te. Questi siti offrono solitamente la scelta di un template, in parte modificabile, ed una gestione semplificata a fronte di un piccolo corrispettivo mensile/annuale o l'inclusione di inserti pubblicitari all'interno del proprio sito web. In questo caso la personalizzazione è molto più limitata rispetto alle soluzioni precedenti e il sito sarà gestito in maniera più amatoriale.

Tra le varie soluzioni analizzate, non esiste una migliore delle altre in termini assoluti tuttavia, in linea di massima, se proprio dovessi dare un consiglio, io preferirei le vie di mezzo e quindi o la soluzione a personalizzazione parziale o quella a standardizzazione e parziale.

La scelta per essere coerente non può prescindere, qualora non si abbiano buone conoscenze informatiche nel settore, da una consulenza specialistica con un esperto, in grado di analizzare la situazione, tararla sulle tue esigenze e proporti un preventivo coerente con quello che chiedi.

Un piccolo appunto va fatto inoltre per quello che riguarda il cosiddetto back-office del sito, ossia l'area riservata in grado di permetterti di caricare, modificare o eliminare i contenuti del giornale online.

Nelle prime due soluzioni, quella a personalizzazione totale e parziale, anche l'area di amministrazione sarà implementata da zero e quindi personalizzata in base alle esigenze dell'utente. Nelle ultime due soluzioni, quelle a standardizzazione parziale e totale, l'area di amministrazione sarà quella offerta dalle piattaforme e quindi altamente standardizzata, personalizzabile in parte con il download dei plugin.

Una volta stabilita la tecnologia da adottare per l'implementazione del sito internet sulla base delle esigenze tecniche e delle possibilità economiche, diviene fondamentale capire in che modo sviluppare la struttura grafica del sito.

In primo luogo, come detto, questa deve essere coerente con la linea editoriale scelta sulla base della ricerca di mercato. Pertanto sarà necessario scegliere lo stile del giornale online definendo colori, forme, struttura, immagini ecc.

Questo aspetto è forse uno dei più difficili in quanto non esistono dei parametri validi assolutamente. Vi sono tuttavia delle indicazioni utili cui è bene attenersi: in generale i principi sono quelli della coerenza, della proporzionalità, della leggibilità, dell'accessibilità ecc. e in linea di massima del buon senso.

Un'attenzione particolare va, però, rivolta agli standard tecnici come ad esempio la dimensione del frame in cui si sviluppa il giornale. Secondo i vecchi parametri un sito internet, infatti, non doveva essere più grande di 800 pixel di larghezza per consentire anche agli utenti con i computer più datati una navigazione ottimale. Oggi, in parte, questo standard è stato superato e la maggior parte di chi adotta un frame fisso sceglie una risoluzione di 1080 pixel. Un'altra soluzione ugualmente efficiente è invece il frame elastico che consente al sito di adattarsi al monitor che lo ospita.

Altro punto fondamentale è poi la compatibilità tra i browser, finalizzata a rendere il sito fruibile a prescindere dal sistema di navigazione. Eccezione fanno gli smartphone per i quali sarebbe opportuno costruire una struttura dedicata tale che il sito riconosca il dispositivo e vi si adatti per offrire una navigazione ottimale.

Secondo l'orientamento attuale è assolutamente necessario far si che il proprio giornale online sia versatile, adattandosi agli utenti piuttosto che far adattare loro. In generale, per i dispositivi portatili, è necessario che il frame si adegui proporzionalmente alla larghezza dello schermo, che i caratteri siano leggibili e il menù accessibile.

SEGRETO n. 8: un giornale online deve essere versatile e fruibile e non può in alcun modo tralasciare il mercato degli smartphone e dei tablet verso i quali bisogna adottare opportune soluzioni tecniche.

Quest'ultimo punto, quello del menù, è di fondamentale importanza non solo per le versioni "mobile". Il menù, infatti, deve essere chiaro, facilmente leggibile e sempre in primo piano. Per un giornale online può essere opportuno creare due tipologie di menù: uno per le categorie del sito (ad esempio politica, cronaca, sport ecc.) e un'altro per il menù di navigazione (ad esempio homepage, contatti, chi siamo ecc.).

In generale il menù delle categorie può subire variazioni, anche sostanziali, a seconda della linea editoriale scelta e degli argomenti trattati.

Il menù di navigazione invece sarà abbastanza simile tra un giornale e l'altro e dovrà contenere link quali: *homepage*, per tornare alla pagina principale; *chi siamo* per descrivere la società editrice, la mission, ed i componenti della redazione; *dove siamo* per indicare la sede legale e la redazione fisica qualora presente; *"contatti"* per permettere ai lettori di contattare la redazione; inoltre saranno presenti, sempre nel menù di navigazione, i link alle sezioni dedicate ai contenuti multimediali quali *fotogallery, videogallery, web tv, forum, newsletter* ecc. Non dovranno mancare inoltre i collegamenti con i principali social network quali *Facebook, Twitter, Google Plus* ecc.

Per quanto riguarda la sezione *"videogallery"* può essere molto interessante fare un collegamento diretto con *Youtube,* mentre per la *"web tv"*, qualora ti interessi la possibilità di trasmettere in streaming, un ottimo software gratuito nella versione base è *Ustream.*

Altri aspetti interessanti che privilegiano l'interattività, in linea con gli standard del web 2.0, riguardano la possibilità di far lasciare dei commenti agli utenti.

È possibile inoltre implementare il livello di interattività, eventualmente, con un servizio di chat o con un forum online in grado di alimentare i dibattiti sulle notizie trattate.

Come accennato prima, inoltre, è di fondamentale importanza

dotare il giornale online di una newsletter al fine di fidelizzare gli utenti interessati a ricevere aggiornamenti periodici delle news sulla loro email.

Tutti questi servizi sono spesso implementabili gratuitamente attraverso plugin scaricabili da piattaforme come *Joomla* o *Wordpress*, in alternativa possono essere creati ad hoc da un webmaster.

SEGRETO n. 9: un moderno giornale online deve adattarsi agli standard del web 2.0 garantendo multimedialità e interattività con l'utente.

Per riassumere e fare un punto della situazione, l'homepage di un giornale online può essere strutturata pressappoco così (dall'alto verso il basso):

1. area superiore dedicata all'inserimento di banner pubblicitari;

2. header contenente logo, nome del giornale ed eventuale slogan;

3. menù di navigazione;

4. menù delle categorie;

5. slider contenente le notizie principali;

6. altre notizie suddivise per categoria;

7. widgwt contenenti altri banner pubblicitari, collegamenti con i social network, video, foto e in generale qualsiasi contenuto a cui si vuole dare evidenza;

8. footer contenente link, informazioni di servizio, informazioni societarie, autorizzazione del tribunale (importante, l'argomento sarà sviluppato successivamente) e in generale tutte quelle informazioni che possono essere messe in secondo piano. Per quanto riguarda le altre pagine, il criterio da seguire è lo stesso dell'homepage, tuttavia varieranno i contenuti che saranno di volta in volta testuali, audiovisivi, immagini ecc.

La cosa cui occorre prestare attenzione è che vi sia coerenza e omogeneità tra le varie pagine del sito. Il lettore non deve mai avere la sensazione di stare su siti diversi passando da una pagina all'altra, a meno che la scelta non rientri all'interno di una decisione strategica di differenziare in maniera netta alcuni contenuti.

Questi sono solo alcuni degli aspetti da considerare nella

realizzazione del sito internet. Naturalmente, non essendo possibile tradurre in questa pubblicazione tutti i dettagli tecnici e stilistici di un giornale online, il consiglio che mi sento di dare è quello di prendere per buone le indicazioni date sinora ma di fare una ricerca approfondita, visitando e studiando gli altri siti, in particolare quelli dei big dell'informazione.

Per chi volesse vedere quella che è una mia interpretazione di giornale online è possibile visitare un sito che ho realizzato da zero partendo da un template HTML modificato (*www.zenitmagazine.it*).

Per concludere questo capitolo è necessario affrontare ancora un'altro passaggio: la scelta del mantainer e il caricamento del sito sul server.

Per quanto riguarda la scelta del mantainer, sul web oramai ve ne sono tantissimi, anche gratuiti, tuttavia è importante prestare attenzione ad alcuni accorgimenti. Innanzitutto questo deve supportare la tecnologia con cui è realizzato il sito, deve essere affidabile per evitare al minimo la possibilità che si verifichino disservizi come l'oscuramento anche temporaneo del giornale, deve garantire uno spazio su server ed una banda sufficienti a garantire il buon funzionamento del sito, deve essere certificato al fine di non avere problemi, in primis con la registrazione del giornale al tribunale.

Per quella che è la mia esperienza, un ottimo mantainer è *Aruba*, che a fronte di una spesa di alcune decine di euro l'anno, offre un servizio di qualità, è certificato, supporta numerosissime tecnologie di programmazione e rispetta tutti gli standard elencati poc'anzi.

Tra i servizi più interessanti offerti da *Aruba*, oltre l'hosting e il database MYSQL, assolutamente necessari per il corretto funzionamento della piattaforma, vi sono il servizio backup per creare copie di sicurezza del sito e del database, il servizio statistiche fondamentale per monitorare l'andamento delle ricerche, il servizio email illimitate per creare infinite email con la stessa estensione del dominio da assegnare ad esempio ai membri della redazione.

Il costo di questi servizi è assolutamente accessibile a fronte di un'utilità davvero interessante. Molto importante, durante la fase di acquisto di questi servizi, è la scelta del nome del dominio. Per quanto riguarda l'estensione (*.it, .com, .org* ecc.) questa va ponderata in funzione della localizzazione o della tipologia di attività: *.it* sta per Italia, *.com* per commerciale, *.org* per organizzazione ecc. Guide dettagliate sulle possibili estensioni sono comunque ampiamente presenti su internet.

Per quanto riguarda invece il nome vero e proprio, questo va scelto in base alla tipologia di giornale, non dimenticando che il nome è la prima forma di indicizzazione. Registrando un giornale online col nome ad esempio *www.musicarockmilano.it*, il sito verrà indicizzato automaticamente attraverso le parole chiave "musica", "rock" e "Milano", facilitando la sua ricerca agli utenti interessati all'argomento.

SEGRETO n. 10: la scelta del nome del dominio rappresenta la prima forma di indicizzazione, pertanto la scelta deve essere preceduta da uno studio approfondito.

Prima di caricare il sito sul server è sempre opportuno fare una fase di testing in locale, magari provando a caricare news e contenuti per un certo periodo e sentire magari il parere di amici e conoscenti o, eventualmente, di persone estranee in grado di darci un giudizio imparziale.

Una volta verificato il buon funzionamento del giornale e la correttezza delle scelte grafiche e stilistiche sei tecnicamente pronto per caricarlo online (non prima però di aver avviato la redazione, caricato un numero sufficiente di contenuti e svolto tutte le incombenze burocratiche, tutti argomenti del prossimo capitolo).

Per caricare il sito online con i giusti settaggi, a meno che non si disponga di una buona conoscenza del settore, è opportuno rivolgersi ad un webmaster. Di solito il servizio è compreso con la realizzazione del sito.

RIEPILOGO CAPITOLO 2:

- SEGRETO n. 6: Il giornale online può essere realizzato seguendo il filone della personalizzazione o quello della standardizzazione. Spesso la soluzione intermedia rappresenta la scelta migliore.

- SEGRETO n. 7: *Joomla* e *Wordpress* sono due piattaforme open source che costituiscono un ottimo compromesso per realizzare il tuo giornale online. Numerose guide all'utilizzo sono reperibili gratuitamente sul web.

- SEGRETO n. 8: Un giornale online deve essere versatile e fruibile e non può in alcun modo tralasciare il mercato degli smartphone e dei tablet verso i quali bisogna adottare opportune soluzioni tecniche.

- SEGRETO n. 9: Un moderno giornale online deve adattarsi agli standard del web 2.0 garantendo multimedialità e interattività con l'utente.

- SEGRETO n. 10: La scelta del nome del dominio rappresenta la prima forma di indicizzazione, pertanto la scelta deve essere preceduta da uno studio approfondito.

CAPITOLO 3:
Come avviare l'attività redazionale

Ora che hai scelto la linea editoriale sulla base della ricerca di mercato e hai preparato il sito internet conformemente alle scelte strategiche che ti sei prefissato, sei pronto per il prossimo passo: avviare l'attività redazionale.

Innanzitutto, come per qualsiasi altra attività economica, vi sono delle incombenze burocratiche da svolgere, prima tra tutte la registrazione della testata giornalistica presso la cancelleria del tribunale ordinario della tua città. Per far ciò è necessario compilare alcuni moduli tra cui l'*Istanza di registrazione di una pubblicazione*, la *Dichiarazione sostitutiva delle certificazioni* e la *Dichiarazione ai sensi dell'articolo 5 comma 2 della legge N.47/48* reperibili presso lo stesso tribunale.

Il primo documento da compilare, l'*Istanza di registrazione di una pubblicazione*, consiste nella richiesta vera e propria di registrazione della testata giornalistica. In pratica il soggetto giuridico chiede la registrazione, nel Registro della Stampa, del giornale/periodico.

Il secondo documento, la *Dichiarazione sostitutiva delle certificazioni*, compilato dal proprietario, dall'esercente l'impresa giornalistica e dal direttore del giornale (nel caso siano la stessa persona, va compilato una sola volta), attesta che il soggetto firmatario è un cittadino italiano, che ha i requisiti per l'iscrizione nelle liste elettorali politiche, che è iscritto all'albo dei giornalisti, che accetta l'incarico di direttore responsabile (questi ultimi due punti interessano nello specifico la sola figura del direttore responsabile).

Il terzo e ultimo documento, la *Dichiarazione ai sensi dell'articolo 5 comma 2 della legge N.47/48*, contiene i riferimenti specifici alla pubblicazione in esame. In particolare indica: i dati anagrafici del proprietario (persona fisica e/o giuridica), del direttore responsabile, dall'esercente l'impresa giornalistica (persona fisica e/o giuridica), il titolo, il sottotitolo, la periodicità e il carattere della rivista, la sede della redazione, il nome e l'indirizzo del service provider, gli estremi del decreto di autorizzazione del Ministero delle Comunicazioni e l'indirizzo web della pubblicazione telematica. A questa documentazione dovrà essere allegato il documento di identità dell'editore, dell'esercente l'impresa giornalistica e del direttore responsabile.

Per quanto riguarda la parte pecuniaria dovrà essere consegnata una marca da bollo di 16,00 euro e la ricevuta di versamento di 168 euro da effettuare sul c/c n.8003 intestato alla Agenzia delle entrate - Ufficio di Roma 2, Tasse concessioni governative.

Fatto questo sarà il giudice competente che, qualora la documentazione raccolta risulti corretta, provvederà a registrare la testata giornalistica. Il tempo medio di registrazione e di una testata giornalistica è di circa venti giorni lavorativi ma può variare anche di molto tra una città e l'altra. La registrazione della testata giornalistica al Tribunale è assolutamente necessaria pena la clandestinità della pubblicazione.

SEGRETO n. 11: il primo passo da compiere per iniziare l'attività editoriale è la registrazione della testata presso il tribunale della tua città pena la clandestinità della pubblicazione.

Altro passaggio importante è poi la registrazione al Registro degli

Operatori di Comunicazione (ROC), presso l'Autorità per le garanzie nelle Comunicazioni (Agcom). Attualmente, con l'adozione della delibera n.393/12/CONS, l'Autorità ha disposto l'integrazione degli adempimenti di gestione del Registro degli operatori di comunicazione con quelli esposti nel portale *www.impresainungiorno.gov.it* gestito da Unioncamere (Unione italiana delle camere di commercio, industria, artigianato, agricoltura), attraverso l'uso della Carta Nazionale dei Servizi (CNS).

Per maggiori informazioni al riguardo e/o per essere abilitati all'uso della Carta Nazionale dei Servizi è possibile recarsi presso la Camera di Commercio della propria città durante l'orario di apertura al pubblico.

Una volta effettuata l'iscrizione al ROC, che si effettua in via telematica dal link *Il registro degli operatori di comunicazione* presente sul portale *www.impresainungiorno.gov.it*, e dopo aver ricevuto il nulla osta dal Tribunale, sei pronto per rendere pubblico il tuo giornale online. Mentre l'iscrizione al Tribunale vale per sempre, l'iscrizione al ROC dovrà essere rinnovata ogni anno.

SEGRETO n. 12: l'iscrizione al registro degli operatori di comunicazione si effettua tramite il sito _www.impresainungiorno.gov.it_ gestito da Unioncamere. L'iscrizione al ROC dovrà essere rinnovata una volta l'anno.

A questo punto, svolta la parte burocratica, possiamo analizzare quello che è il cuore pulsante dell'attività del giornale: la redazione.

Da un punto di vista legale, come si evince dalla documentazione prodotta per il tribunale, alcune figure sono assolutamente necessarie: in primis abbiamo il direttore responsabile. Egli è colui il quale si assume l'onore della direzione del giornale e della responsabilità legale di ciò che viene pubblicato, rappresentando con la sua persona il giornale stesso.

Il direttore responsabile, da un punto di vista operativo, guida e coordina la redazione seguendo la linea e le indicazioni dell'editore. Il direttore responsabile può anche assumere un ruolo attivo nell'attività redazionale attraverso la pubblicazione di articoli, spesso di primo piano (articoli di fondo). A volte, nelle redazioni più grandi, al direttore responsabile può essere affiancato un vicedirettore. Il direttore responsabile per essere tale deve essere necessariamente iscritto all'albo dei giornalisti o come giornalista pubblicista o come giornalista professionista.

L'iscrizione all'albo, elenco pubblicisti, si consegue scrivendo articoli presso un giornale registrato in maniera continuativa per almeno due anni. Il numero di articoli varia a seconda della periodicità e l'attività deve essere retribuita.

L'iscrizione all'albo, elenco professionisti, avviene invece in seguito allo svolgimento di almeno 18 mesi di praticantato in una redazione dove lavorano già altri professionisti. Dopo il praticantato è inoltre necessario sostenere un esame di idoneità. In alternativa, al posto del praticantato, è possibile iscriversi a una delle scuole di giornalismo riconosciute dall'Ordine. Per qualsiasi informazione al riguardo è possibile recarsi presso l'Ordine dei Giornalisti della propria regione o collegarsi sul sito nazionale *www.odg.it*.

SEGRETO n. 13: il direttore responsabile deve essere iscritto all'ordine dei giornalisti. L'iscrizione all'elenco dei giornalisti pubblicisti si consegue scrivendo articoli in maniera continuativa per almeno due anni su una testata giornalistica.

L'altra figura obbligatoria è quella dell'editore del giornale (esercente l'impresa giornalistica) che può coincidere o meno con il proprietario della testata, anche se solitamente sono lo stesso soggetto. L'editore è colui il quale nomina il direttore responsabile e detta la linea editoriale del giornale. Editore, proprietario e direttore responsabile possono essere persone diverse o possono coesistere nella stessa persona.

Le altre figure della redazione, pur non costituendo una prerogativa necessaria alla registrazione della testata, sono indispensabili per svolgere un'attività professionale. Tra queste annoveriamo: il caporedattore, i giornalisti, il fotografo, il grafico, il responsabile marketing e nel caso delle redazioni dei giornali telematici il web master ed il responsabile social media.

Spesso questi ruoli possono tranquillamente coincidere o accavallarsi ma l'importante è che all'occorrenza possano essere espletate tutte le funzioni che richiede le gestione di un giornale online.

Per quanto riguarda la figura del caporedattore, egli è colui il quale si occupa di coordinare, insieme al direttore responsabile, l'attività giornalistica. Tale figura, assolutamente auspicabile nelle redazioni più grandi, può essere in alcuni casi sostituita da quella del direttore responsabile (previsto per legge) nelle redazioni più piccole, come ad esempio quella di un giornale online locale di una piccola cittadina.

Altre figure importantissime, naturalmente, sono quelle dei giornalisti. Questi ultimi non devono necessariamente essere iscritti all'albo per pubblicare degli articoli. Tuttavia è bene, per svolgere un'attività professionale, che vi siano membri con esperienza alle spalle. I giornalisti possono essere anche dei soggetti esterni alla redazione e contribuire in maniera più o meno continuativa all'attività redazionale. In altri termini chiunque può scrivere articoli su un giornale ed è la discrezionalità del direttore responsabile, in linea con l'editore, che decide se pubblicare o meno un contributo.

SEGRETO n. 14: chiunque, potenzialmente, può scrivere articoli su un giornale tuttavia è bene avere all'interno della redazione alcuni giornalisti con una buona esperienza alle spalle in grado di garantire professionalità alla testata.

Grazie alla versatilità del web, inoltre, sempre più spesso si stanno sviluppando delle redazioni "virtuali", composte da individui anche molto distanti tra loro che collaborano tramite internet per sviluppare i contenuti del giornale online. Grazie alle nuove tecnologie è, infatti, possibile rinunciare al ruolo più classico della redazione fisica (il luogo dove in passato veniva impaginato il giornale) per lasciare il posto alla redazione virtuale.

Da un punto di vista pratico, per dar luogo all'attività redazionale, è necessario avere un computer (o uno smartphone/tablet), una connessione a internet e dei collaboratori che scrivono contenuti in maniera regolare. Grazi ai dispositivi mobili, inoltre, anche il ruolo del giornalista è in parte cambiato. Con un semplice smartphone oggi è possibile scrivere un articolo, scattare fotografie, registrare filmati/interviste e inviare il tutto alla redazione tramite internet.

Se questo però da un lato ha semplificato il lavoro giornalistico, dall'altro lato ha reso accessibile a tutti la professione portando a una netta diminuzione della qualità dei contenuti presenti in rete. Il consiglio pertanto è di scegliere sicuramente la strada delle nuove tecnologie ma di prestare particolare attenzione ai contributi poiché viviamo in un'era in cui tutti si improvvisano giornalisti.

SEGRETO n. 15: l'avvento delle nuove tecnologie ha semplificato di molto l'attività giornalistica consentendo la dematerializzazione della redazione e la possibilità di lavorare a distanza tramite i dispositivi mobili.

La professione, se per alcuni aspetti può apparire semplice, in realtà è molto complessa a causa delle numerosissime conoscenze teoriche e pratiche che richiede.

Un articolo deve, infatti, rispettare una serie di parametri, tecnici, stilistici e normativi ben precisi. Innanzitutto vi deve essere la certezza dei contenuti divulgati (attendibilità della fonte), lo stile deve essere semplice e comprensibile, i periodi di una frase devono essere corti e concisi, nello scrivere un articolo bisogna rispettare i dati sensibili e in particolare tutelare i minori (vedi Carta di Treviso) ecc. Il consiglio è pertanto di rivolgersi a dei giornalisti con esperienza o, per lo meno, far sì che il direttore responsabile abbia l'opportunità di controllare in maniera approfondita i contenuti prima che questi siano pubblicati.

Il responsabile marketing (o in alternativa la concessionaria pubblicitaria) è colui il quale si occupa di rendere remunerativa l'attività editoriale. Egli elabora strategie commerciali attraverso le quali vendere gli spazi pubblicitari (direttamente o attraverso agenti), implementa sistemi atti a generare rendite come i programmi di affiliazioni o "pay per click", sviluppa attività di e-commerce correlate al giornale e, in generale, si occupa di tutte quelle attività in grado di produrre una forma di remunerazione (tali argomenti saranno approfonditi nell'ultimo capitolo).

Tra le altre figure della redazione, e nello specifico di una redazione online, oltre al fotografo ed al grafico, è assolutamente necessaria la figura di un webmaster. Qualora non si abbia la possibilità di avere un web master interno alla redazione ci si potrà rivolgere, di volta in volta, a un webmaster esterno. In sostanza la sua figura risulta necessaria non tanto per l'aggiornamento dei contenuti, che può avvenire tranquillamente per mezzo di un giornalista o di un qualsiasi altro soggetto in grado di utilizzare il pannello di controllo dell'area di amministrazione, piuttosto per il controllo, le modifiche, la gestione ed il buon funzionamento delle parti strutturali del sito.

Qualora ad esempio vi sia l'esigenza di creare una nuova area di contenuti che ospiti un'inserzione pubblicitaria di uno specifico formato o si voglia creare una nuova sezione con caratteristiche particolari, è necessario l'intervento del webmaster.

Altra figura importante, che può coincidere o meno con quella del webmaster, è il responsabile social media. Egli è colui il quale gestisce gli account dei social network, tra cui in particolare *Facebook*, *Twitter* e *Google Plus*. I social network infatti costituiscono uno degli elementi fondamentali di un giornale online di successo in grado di diffondere a macchia d'olio i contenuti sulla rete.

Gestire più account social, caricare i contenuti, rimuovere lo spam, rispondere alle domande e alle richieste degli utenti, partecipare alle discussioni e in generale gestire le relazioni interpersonali è un'attività che richiede tempo, impegno e professionalità e come tale necessita di una figura preparata e in grado di svolgere nel migliore dei modi questo compito, ne va della popolarità e del gradimento del tuo giornale.

Queste, in linea di massima, sono le figure più o meno necessarie a mandare avanti in maniera professionale l'attività redazionale. Per riassumere, a prescindere dai ruoli e dalle professioni che possono essere più o meno presenti (ad eccezione di editore, esercente attività giornalistica e direttore responsabile che sono previsti dalla legge), l'attività redazionale ha bisogno di una serie di passaggi necessari per poter esistere, vediamo quali sono.

Il giornale online è un mezzo, gli articoli e il materiale multimediale (foto, audio, video ecc.) sono i contenuti. La prima fase consiste nell'elaborazione dei contenuti. Compito dei giornalisti è quello, dietro il coordinamento del caporedattore e/o del direttore responsabile, di elaborare i testi e raccogliere materiale multimediale tra cui foto, video, interviste, documenti ecc. Tutto il materiale elaborato e raccolto verrà riorganizzato e trasformato in contenuti accessibili e di interesse per il lettore.

A questo punto i contenuti verranno inviati alla redazione dove il caporedattore e/o il direttore responsabile provvederanno a controllarli prima di dare l'autorizzazione all'addetto alla gestione del sito internet di caricarli online.

Una volta caricati i contenuti online sarà il responsabile social media o chi per lui a diffonderli attraverso i social network, taggando tutti gli utenti potenzialmente interessati e alimentando discussioni sulle tematiche trattate. Questo iter di solito in un giornale online rappresenta la prassi quotidiana. La velocità di trasmissione delle informazioni, unitamente alle potenzialità offerte dalle nuove tecnologie, consentono oggi una copertura delle notizie quasi in tempo reale.

La frequenza degli aggiornamenti varierà tuttavia in funzione della linea editoriale, del pubblico, degli argomenti trattati, della grandezza della redazione e in generale delle potenzialità del giornale. È importante tuttavia ricordare che quanti più contenuti originali saranno caricati sul giornale, tanto più l'attività crescerà in fretta attraendo lettori e di conseguenza inserzionisti pubblicitari.

RIEPILOGO CAPITOLO 3:

- SEGRETO n. 11: Il primo passo da compiere per iniziare l'attività editoriale è la registrazione della testata presso il tribunale della tua città pena la clandestinità della pubblicazione.

- SEGRETO n. 12: L'iscrizione al registro degli operatori di comunicazione si effettua tramite il sito *www.impresainungiorno.gov.it* gestito da Unioncamere. L'iscrizione al ROC dovrà essere rinnovata una volta l'anno.

- SEGRETO n. 13: Il direttore responsabile deve essere iscritto all'ordine dei giornalisti. L'iscrizione all'elenco dei giornalisti pubblicisti si consegue scrivendo articoli in maniera continuativa per almeno due anni su una testata giornalistica.

- SEGRETO n. 14: Chiunque, potenzialmente, può scrivere articoli su un giornale tuttavia è bene avere all'interno della redazione alcuni giornalisti con una buona esperienza alle spalle in grado di garantire professionalità alla testata.

- SEGRETO n. 15: L'avvento delle nuove tecnologie ha semplificato di molto l'attività giornalistica consentendo la dematerializzazione della redazione e la possibilità di lavorare a distanza tramite i dispositivi mobili.

CAPITOLO 4:

Come promuovere il giornale

Promuovere il giornale online, arrivati a questo punto, diviene una priorità fondamentale su cui si gioca il successo di tutta l'iniziativa. È bene ricordare, infatti, che un giornale senza pubblico è un giornale morto. Per creare e soprattutto fidelizzare una cerchia di lettori vi sono diverse tecniche da adottare. Queste non possono però prescindere, come detto nei capitoli precedenti, da una buona ricerca di mercato in grado di sancire le linee guida che ti porteranno al successo.

In primo luogo, è opportuno ribadirlo in questa sede, la scelta del nome del dominio gioca un ruolo fondamentale in grado non soltanto di inquadrare il giornale ma di indicizzarlo all'interno dei motori di ricerca. Un nome "furbo" del tipo *www.bolognanotizie.it* canalizzerà con tutta probabilità le ricerche basate sulle parole chiave *Bologna* e *notizie*, aumentando le visite, ad esempio, di una rivista online che si occupa di fornire informazioni e news sulla città. Questo, nel caso specifico, può essere il primo passo per intraprendere una strategia vincente.

Altro aspetto fondamentale che viene subito dopo la scelta del nome del dominio è la scelta e il settaggio dei cosiddetti "meta tag", attività che rientra in pieno nella fase di costruzione del sito web. I "meta tag" sono dei marcatori del linguaggio HTML che consentono di scambiare informazioni con gli "spider" dei motori di ricerca (programmi che scandagliano il web alla ricerca di pagine da indicizzare). Oggi tuttavia, a differenza di quanto accadeva in passato, gli algoritmi dei motori di ricerca non si limitano a interpretare i meta tag ma analizzano la gran parte dei contenuti delle pagine al fine di ottimizzarne l'indicizzazione.

Ciò nonostante, un buon uso di questi marcatori può fornire comunque informazioni interessanti atte a classificare il sito in oggetto. Analizziamone alcuni: il tag *<meta name="description" content="breve descrizione della pagina">* consente di inserire una breve descrizione della pagina che funga da ausilio per gli spider e, spesso, da anteprima per gli utenti che effettuano le ricerche; il tag *<meta name="keywords" content="parole chiave separate da una virgola">* consente di inserire invece una serie di parole chiave che fungano da guida per la corretta indicizzazione del sito. Attenzione, in questo caso non conviene fare i furbi inserendo parole con alto volume di ricerca che non hanno niente a che fare con i contenuti del sito per il solo scopo di attrarre visitatori. Un comportamento del genere sarà deleterio in quanto i motori di ricerca catalogheranno il sito come incoerente e ti penalizzeranno proprio in termini di indicizzazione.

SEGRETO n. 16: attenzione, usare meta tag fittizi al solo scopo di aumentare le visite sul proprio sito web può avere effetti controproducenti penalizzando, in termini di indicizzazione, il tuo giornale online.

I "meta tag" possono essere diversi tra pagina e pagina, anzi, la strategia migliore è quella di personalizzarli in funzione degli articoli e degli argomenti trattati. Verifica a tal proposito di avere l'opportunità di inserire attraverso l'area di amministrazione i "meta tag" più appropriati all'articolo che stai pubblicando.

Oltre ai "meta tag", come detto prima, i motori di ricerca prestano particolare attenzione ai contenuti di una pagina web e quindi, nel caso di un giornale online, agli articoli pubblicati. Gli articoli devono pertanto essere, da un lato attrattivi per il lettore e dall'altro funzionali all'indicizzazione sui motori di ricerca.

Analizziamo questi due aspetti. Dal punto di vista del lettore valgono le regole standard della comunicazione giornalistica con alcune eccezioni del caso, avendo il giornale online caratteristiche proprie che cambiano in parte l'impostazione tradizionale del media cartaceo.

Gli articoli, in generale, devono fornire informazioni utili al lettore: devono essere chiari e leggibili, i periodi devono essere brevi e la punteggiatura molto frequente. Nei primi capoversi dell'articolo devono essere comunicati i punti salienti della notizia (chi, cosa, dove, quando e perché, ossia le cinque W appartenenti alle regole empiriche del giornalismo anglosassone: *who, what, when, where, why*). Il resto del testo deve servire a commentare e ampliare i contenuti della notizia.

Il titolo, in particolare, deve essere accattivante e interessante, deve balzare subito agli occhi e dare il senso della notizia. Spesso è un buon titolo a far sì che un articolo venga letto o meno. Un ruolo similare, però, lo hanno anche le immagini, che fungono da magnete e catalizzatore in grado di attrarre l'attenzione del lettore.

SEGRETO n. 17: usando immagini e titoli accattivanti si

aumenta esponenzialmente l'attrattività dell'articolo. Immagini e titoli sono, infatti, la prima cosa che salta all'occhio.

Per quanto riguarda le peculiarità del canale web bisogna fare alcune considerazioni. Innanzitutto è opportuno preferire i caratteri senza grazie che facilitano la lettura. Per lo stesso motivo è bene che i frame in cui è contenuto il testo non siano troppo ampi e ci sia sufficiente spazio tra un capoverso e l'altro. La dimensione del carattere deve essere anch'essa appropriata.

Per quanto riguarda la lunghezza degli articoli, quest'ultima non dovrebbe essere eccessiva a causa della difficoltà di lettura sul monitor o, peggio ancora, sui dispositivi mobili. Articoli corti e ricchi di immagini sono la soluzione migliore. Per approfondire gli argomenti può essere opportuno inserire dei link che rimandino ad altri articoli e contenuti presenti all'interno del giornale o di altri siti web (link interni e link esterni).

Dal punto di vista dei motori di ricerca, invece, è opportuno anzitutto sottolineare come la pubblicazione di contenuti aiuti ad indicizzare le pagine del giornale online. Quanto più le pubblicazioni sono ricche di nuovi contenuti, frequenti e popolari, tanto più le pagine verranno "premiate" dai motori di ricerca scalando le classifiche delle indicizzazioni.

All'interno degli articoli, a tal proposito, è opportuno utilizzare maggiormente quelle parole chiave che un ipotetico lettore potrebbe digitare per cercare il contenuto di proprio interesse. Ad esempio se stai scrivendo un articolo sul fitto di immobili sarà utile, per una corretta indicizzazione, inserire ripetutamente nel testo parole come fitto, casa, locazione, affitto ecc.

Molto interessanti, a tal proposito, sono alcuni plugin presenti su alcune piattaforme come *Wordpress* che aiutano a ottimizzare gli articoli in funzione dell'attrattività che questi possono avere sui motori di ricerca.

SEGRETO n. 18: attraverso la pubblicazione di contenuti "appetibili" ai motori di ricerca, è possibile incrementare esponenzialmente l'indice di gradimento del tuo giornale online.

Sempre a proposito dei motori di ricerca, un'altra tecnica importante di indicizzazione è quella del "cross-linking". Attraverso il traffico generato da altri siti e altre pagine web in cui è inserito il link del tuo giornale è possibile aumentare non solo le visite ma l'indice stesso di gradimento del tuo sito. Una strategia interessante, a tal proposito, può essere quella di diffondere un banner del giornale sul web attraverso lo scambio di pubblicità tra il tuo giornale ad altri siti presenti sulla rete (puoi ad esempio contattare gli amministratori dei siti che si occupano di argomenti simili ai tuoi e proporre uno scambio di banner).

È possibile anche partecipare alle discussioni dei forum e, dove le regole lo consentono, diffondere contenuti che rimandino al giornale online.

Altro aspetto interessante, già in parte affrontato in precedenza, è l'utilizzo dei social network per finalità di marketing. A tal proposito è opportuno avere degli account attivi su tutti i principali social, primo tra tutti per volume di utenti *Facebook*, senza tralasciare tuttavia altri come *Twitter* e *Google Plus*. Una volta creati e personalizzati gli account in maniera tale da renderli coerenti tra di loro, con la linea editoriale e lo stile del giornale, diviene assolutamente fondamentale avere un gran numero di utenti possibilmente targettizzati.

Per far ciò è necessario pubblicare contenuti interessanti e avere un profilo attraente al fine di far sì che vengano accettate quante più richieste di amicizia possibili (o click *"mi piace"* sulle pagine). Raggiunto un buon numero di "followers*",* è possibile pubblicare sui social delle brevi notizie che rimandino agli articoli del giornale e incrementino il traffico di utenti.

I post pubblicati sui social non devono essere troppo frequenti al fine di non infastidire il lettore ma non devono nemmeno essere troppo radi altrimenti il lettore si dimenticherà presto di te. Ai post devono essere allegati, preferibilmente, contenuti multimediali accattivanti come immagini virali e video interessanti, al fine di far girare il link quanto più possibile anche all'esterno delle cerchia dei tuo amici. L'obiettivo è che gli utenti portino altri utenti e che questi ultimi si trasformino in lettori del tuo giornale.

Se il lavoro viene svolto bene è possibile creare una reazione a catena in grado di aumentare a dismisura l'effetto contagio. Questo è in definitiva l'obiettivo dei social network: amplificare quanto più possibile la risonanza del contenuto pubblicato attraverso le reti di relazione esistenti tra gli utenti dei social.

SEGRETO n. 19: l'utilizzo dei social network è in grado di

aumentare esponenzialmente il numero delle visite ricevute sul giornale attraverso la pubblicazione di post contenenti un collegamento agli articoli più interessanti.

Altro sistema, gratuito, per favorire l'indicizzazione è la segnalazione del sito ai motori di ricerca. Per effettuare questa operazione basta trovare il link relativo alla segnalazione degli URL nei diversi motori di ricerca e compilare i dati richiesti (l'indirizzo per accedere alla pagina di segnalazione di *Google* è *www.google.it/add_url.html*).

Attraverso dei moduli è possibile aggiungere nuovi siti all'indice del motore di ricerca in oggetto (non è tuttavia garantito l'inserimento). Solitamente si indica l'URL del sito e una breve descrizione dello stesso.

Un altro escamotage per promuovere il proprio giornale online, in particolare per fidelizzare gli utenti, è l'utilizzo di un servizio newsletter. Attraverso questo sistema è, infatti, possibile inviare comunicazioni periodiche a un database di utenti iscritti al servizio. Nel caso di un giornale online è ad esempio possibile inviare periodicamente delle news di approfondimento o dei contenuti promozionali. Per avere un gran numero di iscritti è tuttavia opportuno incentivare i lettori a lasciare il proprio indirizzo email attraverso l'offerta di contenuti appetibili. Potrebbe essere ad esempio interessante offrire dei contenuti "speciali" riservati solo agli iscritti della newsletter così da incentivare la sottoscrizione.

Come per i post sui social network, allo stesso modo la frequenza degli invii sulla newsletter non deve essere né eccessiva e né rada, al fine di non stressare gli utenti ma mantenere contemporaneamente vivo il ricordo del giornale. Nelle email inviate attraverso il servizio newsletter devono esserci i link che rimandano alla rivista online al fine di mantenere sempre aperto un ponte di collegamento tra i due.

Per quanto riguarda il processo di iscrizione non devono essere mai richiesti all'utente più dati di quelli necessari. L'utente medio è, infatti, spesso restio a lasciare i propri dati personali su internet. Pertanto se da un lato si rinuncia alla possibilità di avere parecchie informazioni sull'utente, dall'altro lato in questo modo si avrà la possibilità di incrementare di molto il numero degli iscritti. Per quanto concerne l'implementazione della newsletter, come per il sito internet, si va dalla realizzazione di un servizio completamente personalizzato che richiede l'ausilio di un webmaster, all'utilizzo di appositi plugin come quelli presenti sulle piattaforme tipo *Wordpress* e *Joomla*, fino ad arrivare a servizi molto interessanti come *Mailchimp* che consentono, entro certi parametri, di inviare gratuitamente newsletter professionali ad un gran numero di utenti.

Fatti tutti questi passaggi, per fare la differenza, è possibile inoltre pubblicizzare il proprio sito sul web. Anche in questo caso esistono tantissime possibilità. Una delle più interessanti è, a mio avviso, quella costituita dai "pacchetti promozionali" *Aruba* che anche in questo settore offre tutta la sua esperienza sul web.

Tra questi annoveriamo il servizio *scambio banner* che consente, appunto, di scambiare gratuitamente i banner con altri siti presenti nel circuito. In pratica aderendo al servizio si accetta di ospitare il banner di altri utenti iscritti che a loro volta ospiteranno il tuo, generando quel famoso circolo virtuoso che porta a un aumento dell'indice di gradimento del sito e ad un conseguente miglioramento dell'indicizzazione sui motori di ricerca. Altro servizio, ancora, interessante è *ADV impressions*. Attraverso quest'ultimo è possibile ricevere, al costo di 6,5 euro+IVA, ben

50.000 impressioni del tuo banner all'interno delle sezioni del circuito di *Aruba*. Ultimo servizio *Aruba* da segnalare, ma non per ordine di importanza, è infine il *key position*. Quest'ultimo si compone di diversi servizi che costano dalle 50 alle 250 euro (più eventuali servizi personalizzati con prezzo da definire) ed offrono soluzioni di indicizzazione, posizionamento sui motori di ricerca, inserimento nei circuiti "pay per click", visite al tuo sito, consulenza ecc.

Oltre ai servizi di web marketing di Aruba non possiamo però non menzionare il servizio *AdWords* di *Google*. Questo consente di creare degli annunci personalizzati, scegliere le parole chiave alle quali correlare le ricerche e pubblicare gli annunci su *Google*, il principale motore di ricerca su scala mondiale. In pratica quando un utente effettua una ricerca utilizzando una delle parole chiave da te scelta, il tuo annuncio sarà visibile tra i risultati della ricerca effettuata.

Attraverso il servizio è quindi possibile raggiungere un target mirato di utenti, anche in funzione del fatto che l'annuncio è completamente localizzabile e sensibile ai parametri da te impostati. Il budget, come ogni altra cosa, può essere scelto da te e modificato in qualsiasi momento. Il costo sostenuto è quello dei click ricevuti attraverso la visualizzazione del tuo banner cosicché tu possa pagare solamente per le visite reali ricevute sul giornale.

Il sistema si basa sull'incrocio tra domanda e offerta di visualizzazioni: in pratica tu scegli le parole chiave attraverso le quali pubblicizzare il tuo annuncio e imposti un costo massimo per click che sei disposto a sostenere. Qualora non vi siano altri utenti che offrano un costo per click superiore al tuo, l'annuncio avrà maggiori visualizzazioni e, di conseguenza, più click.

Il trucco è quello di scegliere, attraverso gli strumenti di *Google AdWords* analizzati nel primo capitolo (paragrafo relativo alla ricerca di mercato), quelle parole chiave che hanno un elevato traffico ed una bassa concorrenza, ossia quelle parole chiave dove altri advertiser non hanno investito o hanno investito poco.

Naturalmente, va da sé che le parole chiave non devono mai essere generiche ma quanto più specifiche e dettagliate possibile al fine di richiamare sul sito soltanto gli utenti interessati agli argomenti trattati, senza correre il rischio di pagare per degli utenti disinteressati ai contenuti che offri.

La campagna *AdWords* è tuttavia dinamica e, grazie ai tantissimi tools, è possibile in itinere correggere il tiro o anche solo perfezionarne i rendimenti analizzando e studiando quelle parole che a parità di costi offrono delle performance migliori.

L'utilizzo di *AdWords* è abbastanza semplice e intuitivo tuttavia, qualora non si abbia una buona esperienza in web marketing, è consigliabile rivolgersi a degli esperti del settore in grado di analizzare le soluzioni di volta in volta più convenienti e proficue.

SEGRETO n. 20: è possibile, attraverso il servizio *Google AdWords*, intraprendere campagne pubblicitarie efficaci ed economicamente convenienti scegliendo quelle parole chiave che hanno elevati volumi di ricerca e bassa concorrenza.

In ultimo va sottolineata l'importanza di un servizio statistiche da abbinare al sito internet. Attraverso quest'ultimo è, infatti, possibile controllare tutti i dati relativi al traffico al fine di ottimizzare e migliorare tutti quegli aspetti del sito che possono essere in grado di generare visite in primo luogo e di fidelizzare gli utenti in secondo luogo.

Se anche bisogna pagare qualche euro per abbonarsi al servizio (circa 13 euro nel caso di Aruba o addirittura gratis nel caso di *Google Analytics*) non bisogna mai dimenticare che la conoscenza è potere. Gli euro eventualmente spesi ti ricompenseranno in termini di informazioni utili da utilizzare per migliorare il tuo giornale.

RIEPILOGO CAPITOLO 4:

- SEGRETO n. 16: Attenzione, usare meta tag fittizi al solo scopo di aumentare le visite sul proprio sito web può avere effetti controproducenti penalizzando, in termini di indicizzazione, il tuo giornale online.

- SEGRETO n. 17: Usando immagini e titoli accattivanti si aumenta esponenzialmente l'attrattività dell'articolo. Immagini e titoli sono, infatti, la prima cosa che salta all'occhio.

- SEGRETO n. 18: Attraverso la pubblicazione di contenuti "appetibili" ai motori di ricerca, è possibile incrementare esponenzialmente l'indice di gradimento del tuo giornale online.

- SEGRETO n. 19: L'utilizzo dei social network è in grado di aumentare esponenzialmente il numero delle visite ricevute sul giornale attraverso la pubblicazione di post contenenti un collegamento agli articoli più interessanti.

- SEGRETO n. 20: È possibile, attraverso il servizio *Google AdWords*, intraprendere campagne pubblicitarie efficaci ed economicamente convenienti scegliendo quelle parole chiave che hanno elevati volumi di ricerca e bassa concorrenza.

CAPITOLO 5:
Come guadagnare denaro

L'ultimo step, quello più importante, quello che pregiudica la sopravvivenza stessa dell'idea progettuale, consiste nel guadagnare denaro attraverso il giornale online. Arrivato a questo punto, infatti, dando per scontato che hai avviato l'attività con l'intenzione di sviluppare un business, hai bisogno che la rivista sia remunerativa al fine di pagare tutte le spese gestionali e ricavare un utile per te.

Questo importante passaggio è stato volutamente messo alla fine del libro in quanto è subordinato agli altri. Per rendere profittevole il giornale online è, infatti, necessario aver definito il target e la linea editoriale, aver costruito il sito internet, aver avviato l'attività redazionale e svolto le incombenze burocratiche, aver infine promosso il giornale, sia verso il target dei lettori che verso quello degli stakeholder (target passivo e attivo).

Arrivati quindi a questo punto, se tutti i passaggi sono stati fatti con cognizione di causa, le possibilità di guadagno saranno davvero tante. Avrai costruito, infatti, con tutta probabilità, uno strumento di comunicazione in grado di attrarre a sé un pubblico, più o meno importante, interessato ai contenuti che di volta in volta pubblichi. Diventa a questo punto assolutamente necessario e prioritario, soprattutto per l'editore puro, trovare degli introiti che rendano conveniente l'investimento.

La prima possibilità di introito è rappresentata dalla "pubblicità classica" ossia, in altri termini, dalla vendita di spazi pubblicitari. Per rendere le inserzioni appetibili dovrai tuttavia avere una serie di accortezze e requisiti, primo tra tutti la presenza di un pubblico interessante di lettori quanto più possibile targettizzato.

SEGRETO n. 21: un pubblico di lettori ben definito e targettizzato rende più appetibili le inserzioni pubblicitarie agli occhi degli inserzionisti.

Un inserzionista, infatti, sarà tanto più attratto a fare pubblicità sul tuo giornale quanti più lettori interessati al suo prodotto ci saranno. Una stima abbastanza attendibile del traffico generato dal tuo sito è resa possibile, come abbiamo visto prima, dall'utilizzo di un buon servizio statistiche in grado di analizzare i visitatori che transitano sul sito. Tra le funzioni più interessanti in grado di definire la tipologia di target annoveriamo, oltre le visite e le visualizzazioni delle pagine, la provenienza geografica, le keyword utilizzate per accedere al sito, le pagine più visitate, il tempo di navigazione, i visitatori ritornati ecc. Un uso sapiente di queste preziose informazioni consentirà, qualora ve ne siano i presupposti, di poter vendere al giusto prezzo le inserzioni pubblicitarie. Un investitore intelligente, infatti, sarà ben contento di spendere dei soldi avendo dalla sua parte la sicurezza dei numeri.

SEGRETO n. 22: l'utilizzo di un buon servizio statistiche ti consentirà di ricavare preziose informazioni circa gli utenti che visitano il tuo sito al fine di ottimizzare la vendita di inserzioni pubblicitarie.

Per quanto riguarda gli spazi da dedicare alla pubblicità, questi non sono standard ma possono variare e devono sempre essere calibrati tra appetibilità dell'inserzione e impatto grafico. In linea di massima, vige la regola secondo la quale più un'inserzione è visibile e tanto più può essere venduta a un prezzo interessante. Naturalmente il prezzo è relativo e varia, anche di molto, in base al traffico di utenti e alla tipologia degli stessi. Tra le principali tipologie di spazi annoveriamo il banner superiore in testa alla pagina e i box laterali delle più svariate forme e dimensioni. Altre tipologie di spazi pubblicitari possono essere rappresentate dai pop up e dalle inserzioni a tutta pagina che fanno da sfondo al frame entro il quale è inserito il sito.

Per quanto riguarda la tipologia di annunci, questi possono essere caratterizzati da testo, da immagini statiche o immagini animate. Le immagini animate sono sicuramente la scelta più efficace in quanto sono in grado di attirare l'attenzione del lettore più facilmente. Queste ultime possono essere realizzate facilmente attraverso dei "javascript" o delle "gif animate". Sconsiglio l'utilizzo del flash per una questione di compatibilità su browser e dispositivi. In particolar modo i dispositivi mobili Apple, che rappresentano una buona quota di mercato, non supportano la tecnologia flash.

In alternativa alle immagini animate, le immagini statiche, qualora ben strutturate, possono essere altrettanto interessanti ed efficaci. Le inserzioni testuali rappresentano invece un valido strumento qualora inserite all'interno del testo principale, senza tuttavia essere occultate con lo scopo specifico di ingannare il lettore.

Una particolare forma in inserzione testuale molto efficace è costituita dal "pubbliredazionale", un articolo giornalistico finalizzato a pubblicizzare un'azienda, un prodotto o un servizio. Tale tipologia di articolo può essere venduto a prezzi interessanti qualora venga realizzato da un giornalista esperto in grado di influenzare il lettore e generare un cambio di comportamento nello stesso, ad esempio attraverso il processo di acquisto di un prodotto.

SEGRETO n. 23: l'utilizzo di "pubbliredazionale" come forma pubblicitaria è una tecnica sottile e interessante in grado, qualora realizzata da un giornalista competente, di influenzare l'opinione del lettore e generare un cambio di comportamento.

Altro aspetto molto interessante, reso possibile grazie ad internet, è rappresentato dalla possibilità di selezionare gli annunci in base al tipo di lettore, cambiando le inserzioni a seconda di come cambiano i contenuti e a seconda delle informazioni inviate dai browser dei lettori (direct marketing). A proposito di web advertising una soluzione interessante è offerta, ancora una volta, da *Google*. Si tratta in questo caso del programma *AdSense* che consente di guadagnare del denaro ospitando annunci mirati sul tuo sito web. Gli annunci sono completamente personalizzabili in termini di forma, colori, dimensione e tipologia e generano un cash flow costante in base al numero di visualizzazioni e di click ricevuti.

Se godrai di un buon parco utenti, i click aumenteranno esponenzialmente grazie ad un algoritmo che consente di pubblicare annunci pertinenti con il contenuto delle pagine.

I pagamenti di *Google* saranno costanti e verranno espletati al raggiungimento della soglia minima di 70 euro (100 dollari). Attenzione a non fare i furbi cliccando voi stessi sugli annunci, se *Google* se ne accorge potrebbe penalizzarvi con l'esclusione del vostro sito dal programma.

SEGRETO n. 24: se utilizzi il programma di *Google AdSense* e hai un buon traffico di utenti potrai incrementare notevolmente i tuoi introiti pubblicitari.

Altre possibilità similari a quelle offerte da *Google* sono presenti in rete ma *AdSense* è sicuramente uno dei migliori programmi di advertising attualmente sul mercato che gode, non da ultimo, della garanzia della più grande azienda operante sul web.

Oltre alle immagini e i testi non dobbiamo dimenticare la pubblicità attraverso il canale dei video, in grado di attirare molta attenzione soprattutto da parte dei grandi inserzionisti. Un'opportunità molto interessante, a tal proposito, è costituita dalla possibilità di associare *Youtube* con il programma *AdSense*. In questo modo avrai la possibilità di inserire delle inserzioni pubblicitarie sui tuoi video partecipando agli introiti generati dalle visualizzazioni.

Per associare i due servizi bisogna attivare la monetizzazione accedendo al *programma partner di Youtube*, attraverso la scheda *monetizzazione* presente nell'account. È bene tuttavia precisare che non tutti i canali *Youtube* risultano essere idonei per la monetizzazione in quanto sono richiesti precisi criteri geografici, di reputazione, di conformità, di originalità e di qualità dei contenuti. Una volta attivata la monetizzazione, si ha la possibilità concreta di produrre entrate interessanti in base al traffico che riesci a generare con i tuoi video.

Alternative ai sistemi analizzati finora sono rappresentate invece dai programmi di affiliazione che offrono un corrispettivo economico per il traffico generato attraverso gli annunci pubblicati sul tuo sito. In genere il pagamento è subordinato ad alcune condizioni come l'acquisto di un prodotto o la registrazione di un utente acceduto attraverso il tuo link.

Tra i programmi di affiliazione più interessanti annoveriamo quello di Amazon, che paga fino al 12% in commissioni pubblicitarie sugli acquisti fatti sul sito attraverso i tuoi redirect. Altro programma di affiliazione interessante è quello di *Ebay*, che offre un corrispettivo economico per ogni offerta, acquisto o registrazione di utente avvenuta attraverso il traffico da te generato. Anche *Apple* offre un programma similare pagando una provvigione su tutte le vendite andate a buon fine attraverso i tuoi link. Altre alternative interessanti sono poi i numerosissimi siti di trading e gioco d'azzardo che offrono spesso laute ricompense per ogni utente che apre un conto attraverso il link presente sul tuo sito.

Altro sistema di monetizzare il giornale online è rappresentato dalla vendita di prodotti o servizi attraverso il sito. Le possibilità in questo campo sono infinite. Puoi vendere prodotti d'interesse per la tua cerchia di lettori come ad esempio biglietti per concerti in un giornale che parla di musica.

In questo modo avrai la possibilità di differenziare le tue entrate incrementando la possibilità di avere successo con il tuo giornale online.

Tra i prodotti più interessanti non possiamo non annoverare in questo caso i prodotti digitali come gli ebook o l'accesso a contenuti digitali a pagamento. Questo tipo di prodotti sono infatti caratterizzati da altissimi margini di profitto essendo teoricamente riproducibili all'infinito.

SEGRETO n. 25: un sistema interessante per monetizzare il sito consiste nella vendita di prodotti e servizi che interessano alla tua cerchia di lettori.

In ultimo, un'altra possibilità interessante, è caratterizzata dal "drop-shipping", un modello di vendita in base al quale è possibile commercializzare un prodotto senza averlo fisicamente in magazzino. Il venditore in questo caso trasmette l'ordine al fornitore il quale provvede ad inviare la merce all'utente finale, realizzando una plusvalenza. Esistono numerosi "drop-shipper" che offrono i prodotti più disparati, in particolare materiale elettronico e tecnologico.

Arrivati a questo punto, hai in mano tutte le conoscenze che ti servono per rendere remunerativa la tua attività editoriale. I diversi sistemi per generare le rendite possono essere integrati tra di loro e adattati in base alle esigenze specifiche del giornale.

Naturalmente, qualunque sistema adotterai per generare delle rendite, la formula vincente è e sarà sempre una sola: avere un vasto pubblico fidelizzato di lettori che dirotterai, di volta in volta, sull'una o sull'altra iniziativa di marketing.

RIEPILOGO CAPITOLO 5:

- SEGRETO n. 21: Un pubblico di lettori ben definito e targettizzato rende più appetibili le inserzioni pubblicitarie agli occhi degli inserzionisti.

- SEGRETO n. 22: L'utilizzo di un buon servizio statistiche ti consentirà di ricavare preziose informazioni circa gli utenti che visitano il tuo sito al fine di ottimizzare la vendita di inserzioni pubblicitarie.

- SEGRETO n. 23: L'utilizzo di "pubbliredazionale" come forma pubblicitaria è una tecnica sottile e interessante in grado, qualora realizzata da un giornalista competente, di influenzare l'opinione del lettore e generare un cambio di comportamento.

- SEGRETO n. 24: Se utilizzi il programma di *Google AdSense* ed hai un buon traffico di utenti potrai incrementare notevolmente i tuoi introiti pubblicitari.

- SEGRETO n. 25: Un sistema interessante per monetizzare il sito consiste nella vendita di prodotti e servizi che interessano alla tua cerchia di lettori.

Conclusione

Siamo arrivati alla fine. Abbiamo sintetizzato in questa pubblicazione i principali passaggi per realizzare un giornale online di successo partendo da zero.

L'attività editoriale, oggi, ha subito profondi cambiamenti ed è forse il settore che più di altri vive un dinamismo costante che va di pari passo con il mercato della tecnologia. Dall'invenzione della carta alla stampa di Gutenberg siamo arrivati, con la riproducibilità dei contenuti in real-time, all'era dell'informazione digitale.

Le notizie, l'informazione e la conoscenza sono e sempre saranno aspetti fondamentali della natura umana. Chi vuole cimentarsi in questo mondo affascinante non può prescindere dal conoscere e capire come l'editoria è cambiata e sta cambiando alla luce dell'innovazione continua che caratterizza il settore dell'*information & communication technology* (ICT).

Un giornale, se vuole stare al passo con i tempi, non può non considerare l'opportunità di digitalizzarsi, affrontando il mondo dell'immateriale e diventando esso stesso immateriale. Se vogliamo trovare un termine adeguato a descrivere questo processo questo è, senza ombra di dubbio, "dematerializzazione", intesa come processo irreversibile di digitalizzazione dei contenuti.

La carta e l'inchiostro diventano bit, un insieme di numeri, di impulsi elettrici capaci di arrivare dappertutto e seguire i lettori nelle loro case, nei loro uffici ed in qualsiasi posto essi si trovino. Attraversi i loro computer, i loro tablet, i loro telefoni, l'informazione digitale del nuovo millennio diventa parte integrante delle loro vite.

Oggi, a differenza del passato, chiunque può potenzialmente diventare un produttore di informazioni seguendo i semplici passaggi che sono racchiusi in questo libro ed aggiungendo passione e buona volontà, motore propulsivo di tutte le idee e le iniziative vincenti.